Francesco Maglione

I0141128

CHRISTLICHE ANARCHIE

XERIOS

Copyright

Title: CHRISTIAN ANARCHY

Author: Francesco Maglione

Cover: *steps dimensional*©Francesco Maglione

©2014, Francesco Maglione

PUBLISHER : XERIOS

URL : www.xamata.it

e-mail: fm@xamata.it

ISBN: **978-88-906126-2-6**

ALL RIGHTS RESERVED
Reproduction, even partial, or by any means,
is not permitted without the prior
written permission of the author

Protected by SIAE

Abstract

Reimlose Versen über existenziale Themen.... es gibt kein Kunstwerk, wenn es keine Inhalte gibt.

Die Argumente bringen automatisch die Formen hervor, mit denen man sich ausdrückt.

Das tägliche Leben setzt uns dauernd vor grosse Dilemmen der Existenz: woher kommen wir hervor ? Was ist das Ziel unsere Existenz, die während des Fliessens durch Kenntnisse bombardiert wird und durch Kreuze in Stücken gerissen wird.

Mit Oster wird versucht, die menschliche Kondition zu unterstreichen, die in den christlichen Schemen eingesteckt ist und die in einem durch den Kampf zwischen Gutem und Schlechten lebendig gemachten vitalen Weg, die Schlusshoffnung

auftauchen lässt: der Mensch – Herr. "In der Stadt" ein System von unangenehmeren Flashbacks bringen auf jeden Fall zu "triumphalen Hymnen an das Leben"

Die Abwesenheit einer Regierung,
wie es die Griechen mit dem Wort
Anarchie zusammenfassen, ist der
letzte menschlich soziale Status;
Seit Jahrtausenden hat es
verschiedene Projetionen gegeben.
In dieser Aufzählung wird
eingeladen " das zu tun, was
gemacht werden muss".
Würden alle genau das machen, was
gemacht werden muss, um ein gutes
Zusammenleben ohne Gesetzgebung zu
ermöglichen, hätten wir automatisch
Anarchie und würden wir unsere
Aktivitäten mit Liebe durchführen,
würden wir uns Richtung christliche
Anarchie begeben wie eine Top-
Evolution.
Seit je her wird mit evangelischen
Hinweisen auf die verfeinerten
Artikel der modernen demokratischen
Gesetze, wie Art. 54 der
italienischen Konstitution
eingeladen, unsere Aufgaben mit
Ehrlichkeit und Ehre zu erfüllen.
All diejenigen, die glauben, dass
Poesie nur über Sonnenstrahlen,
unschuldige Händchen und sonstige
banale Dinge sprechen muss, ohne
die Memoiren von Rapisardiana oder
Tolstoj zu öffnen, erinnere ich

daran, dass ie Aufgabe der Kunst
darin besteht, euch an den
historischen Moment, in dem gelebt
wird, zu erinnern und daraus
Reflektionen oder wenn möglich
Lösungen zu generieren.

Das Paar

Ein Mann
Eine Frau
Lieben sich

Unsterbliche Union
Das Absolute

Das Reale
Dagegen
Spielt
Die kontinuierliche
Dauernde
Bestätigung
Seiner Negation

Schreckliche Ängste
Blockieren
Das körperliche
Ewige
existiert nicht

Unendliches geistliches
Wachsen
Eines Verhältnisses,
das täglich durch blutende tiefe
Stiche durchbohrt wird

Und das saniert wird,
wo die Liebe stark ist

AUGENBLICKE

Solidarisches Moment
Von anliegendem Almosen

Eine Achtungshandlung
Schaut mich und schmelzt

Glücksträne

Ausstrahlen unter den Leuten

Munde
Erbrechen
Aus ihren Herzen
Wörter
Vibrationen
Ängstigende Pulsionen

OSTER

Kreuze quälen
Es gibt keine Linderung
Unter den Fürstentümer
Keine Pause
Sondern Blutfliessen

Geduld
Ruhe
Demütig
Gedenkt
Das Maximum Opfer

Danach

Frei

Reine Energie

Materie
Zeit
Raum

Dominium

Essenz des Geschaffenen
Mit Freude in der Hand
Die Schicksale des Universums

Herr

Wenn der Mann
Seinen Bruder nicht
Mit seinen Ketten
peitschen wird

und Leben
im Rassenbereich
mit Solidarietät

Erinnerungen

Dunkel
Regen
Eng
Plötzliche Änderungen

Wenige Wärme
Diaphane Farben
Eis

Unausprechliches Grinsen
Leer in mir

Ich habe versucht,
in das Universum zu fliegen
aber zum Aufwachen

die nasse Sternen
waren nur in meinem Traum

Ketten

Wenn die Angst,
durch Wut unterdrückt,
die Hals festhält,
mit den Tränen in der Elend
auch ein Mensch kann weinen

und ein Tag wird kommen,
in dem keine Tränen
auf den verwirrten Gesichten
sehen wird.
Gerade
Mit resigniertem Blick
Gegen das Nichte
Aber Wut -und Racheexplosionen
Werden Justiz rufen

Die zerbrochen
Arroganzen
Licht im kosmischen Äquilibrium
Und Freude und Freuden
Fahnen Für die Welt

An die Freunde Künstler

Auf der Zeile
Melodien in Flammen

Musik
Durch die Bramen
Verbrannte Pulver
Im Wind
Die schwarzen Eintagsfliegen
Deine explosiven Schwünge
Zum Schönen

Der Sing
Universeller Lob
Wird fliessen

ÜBER

Eine Liebe über die Zeit und den
Raum

Interdimensionale
Rasche
Eros gibt
Unbeweglich
Den Liebenden
Zeit und Raum

Sakrarium

Blut

Und Menschen
Im Krieg
Und Blut

Arme Leute
In den Ghettos
Durch die Arroganz
Bis aufs Blut ausgesaugt
Im Laufen
Zum Nichts

Zum Tod

Technologischer Mann
Mit archaischen Ängsten
So viele rote Risse
Auf deinem Weg

Die Kenntnis

Junger Mann,
der abgehärtet
in der vererbten Feuer wächst
zwischen
Gutem und Schlechten
Blitzschnell
Das Universum
Durch dein Schicksal geht

Aus Schmerz
Die Kenntnis

'900

Die MAssen spielen
Mit den Medien
Anmassungen
Den Betrug vergrössern
Autoritär
Demokratisch
raffiniert

neue gefärbte Potentate
vom Tier erbrochen

erfundene Idealen
für Kriege unter Fürstentümer
bekämpfen das Dominium
auf den Massen,
um atomische Humanität der Kenntnis
über den Menschen zu saugen

in Reihen in Zügen
die Leute gegen Prävarikationen
auf den Weltplätzen
ersuchen um Liebe

STADT

Schmutzigkeitpatinen
Atmet

Unter den Eskrementen des
Vormittags
Mäusebussarde,
die auf eine Mahl warten

Sonntagsfahnen
Sättigen
Das Tier

Personen
Verkaufen Sex
Gegen Seelen

Leutenfluss im Rennen

All

Austauschware
Die Arbeit
Leute
Zusammen
Explodieren an das Leben
Triumphalen Hymnen

Nebel

Leicht
Flüssig
Anliegend
Wogt
Färbend

Delikate Harmonien
Streicheln
Stillen
bezaubern

Ein Kind

Antwort auf die Warum des Lebens

Ein Kind weint

Stiche zur Pflicht
Es lacht,

starker Liebesquelle

Hymne an die Freude

Familienkleben

Brot

Duft nach dem Guten

Wille
Zum Leben

Gelbe Buchweizenkorne,
durch Rot orniert,
Klingen im Wind zusammen

Stütz von Völkern
Reines Nahrungsmittel
Corpus Christus'

Schütz
Das Brot von der Hand
Des Kriminellen

Kreuzenweg

Die implodierte
gerühmte Seele
projektiert sich
strahlend
über den Kreuzenweg

Grauer Tag

Grauer Tag
Kalt
Leer
Zerbrochene Schwünge
Blatt im Wind unter dem Volk
Ohne Interessen
Nur
Im implodierten Ton

Zwei grosse Augen
Im Fenster
Die durch Wind geschlagen Tür
Glaskreitschen
Schauer

Wille
Dich mit mir zu haben

Ausser Schema

Wie ein Versuchskaninchen
Gefangener in
Einer Glasglocke

Die Larven
Betrachten mich,
bemitleiden,
verspotten
demütigen
hassen
verstehen nich
wer weiss,
geniesst die Essenz
der Mensch ist lebendig

Auf der Strasse

Eine Bande probiert
Die Musik ist in der Luft
Ein Mädchen träumt

Die Mutter
Zieht es
Durch einen Arm
Und bringt sie weg

Königinnen

Zarte
Stille
Gefügige
Die Königinnen
Brechen
Mit ihrem Schreiten
Die Handlungen
Der Erde

Gleichgewichte

Aber die Reflexe
Peitschen In dem Realen

Free jazz

Die ganze Verzweiflung
Der Menschen
Hüllt
Die Monstren des Realen
Durch Klänge
Bombardiert
Schreckliche chinesische Masken
Bestreiten
Die Seelequal

Eine Hand gräbt im Magen,
sie dreht die Gedärme

die Augen
Ohne Träume
Versperrt
Eine COmputertastatur
Das Gesicht

Ich sehe dich schon
Mensch der Zukunft
In der Verzweiflung der Ohnmacht

Gescheitert

dort

ein Schiff
durch Kanalwellen
geschüttelt
im Sturm

Abgestellter Motor
Ruder leer
Er will sich nicht dem
Kanalverschlucken
Ergeben,
die überfällt,
auf der Brücke
die verzweifelte Macht
eines Gescheiterten

Landschaft

Sie schaut,
es scheint, dass die
Erde uns absorbieren will
Mit Ekstase
Betrachten wir
Die FArben und die Graphiken
Wir umwandeln
Die Materie
In pulsierende Energie,
die in uns überflütet
das Nichte
streicht
existenziale
Harmonien.

Politiker

statische
Gesichter

Froh
Still

Masken

Glänzende
tödliche Unentschlossenheit
realer bzw. formaler
Progress

Stösst
Gegen das Umher,
das sich danach sehnt
Bandenplüderung

Feuer

Gut
Einsatz
Streben
Feuer

der Rebell Prometeo
geraubtes Mahl
Schenkung

nutre
Wärme
Erleuchtug
Fundament

der Beginn

geopfertes Glied für den Stolz
eines Volkes

Beerdigung des Königs

Ruhm
Hochmut
Verkörperung
bei der Plünderung

verdammter Dragoner

fleischlicher Durchfall auf dem
Scheiterhaufen
ungezähmte Geister
lebe
klare
Heilige

lodernde Kreuze
Schande der Rasse

Holokaust

Völker in Napalm

eingeschwärzt
von Gott

bei der Waschung
christliche
Schmiede

Jugend spricht nicht ruft

lass
den Vätern Zeit

in den Strassen
rufen sie zu Gott
Einigkeiten in Genrationen
die Freude der Zugehörigkeit und
der Dank

die Gruppenhektik zu tun
anmaßende Forderung da zu sein
unendliche Träume
astronomische Ereignissse

bereit eine Gesellschaft zu gründen
des Guten
sie zu reinigen

Zerstörte
Erstickte
Verschlungene von der Dunkelheit
halten keine Tränen mehr
kalte Worte

Weitentfernte

nicht Heilige
Erziehung zum Respekt und der Liebe

Gestürzte
Angekettete
in einer Bank
zwischen gekannten Toten
Objekt
der Plünderung
materiell und spirituell
Gnuss der Eitelkeit
Sekten der ausgedrückten
unterkulturellen Macht

die Anwandlungen
der Schatz
disziplinier dich
führe dich
auf genaue Art und zum Guten
den falschen,
unmenschlichen
unchristlichen
Regeln folgend

autoritär
Respekt
des Systems

die Abwehr

keine Steine mehr für die neue

Seidenfleisch
Boten
Bestattungen der Hunde
ein Finger am Abzug
Fett für die Padronen
gespannter Spagat
ninos de rua

Schmerz
für Ausschweifungen und erwachsene
Plagen

schlimmer

tertiär
quartär
polyfuntionelles Schmarotzertum
sauged
der Frucht
mit falschen Titeln
der Arbeit

bis zum Tod der Kreativen
ewig dauernd bis zum Verkauf der
Menschlichkeit

Nur ein Pech wird nicht verziehen
das gegen den Geist

Die Mädchen machen
la sciula

die Mädchen
machen   einen Dolch

Bomben vom Schatz

umarmen die Welt

Wieviel weniger hast du zu erwarten diesen warmen Sonntag im Juli

leicht gekleidet
der Schweiß
klebt
prägend
der Körper
dominiert
die Frau
mit natürlicher Weiblichkeit

für wahre Schönheit
lacht Gott bei der
Kühlung
vom Meer der Bitten

bei große verschwundenen Schritten

Das Vortäuschen
weiten geschmückten
Ausschnitts
indem amniotische
Düfte erzeugt werden

erscheint

während die Mutter an der Hand
einen Knirps mitschleppt

die Knirpse
klammern sich
seitenaufwärts
umarmen den Hals
Küsse

der Vater

Rasur
Missgunst

Anwälte
anvertraute
Gerichte

di Familie
verliert

abgeben der Waffen
an den, der teilt
i makefilm lobpreisen

sie wollen auch den Vater

CHRISTLICHE ANARCHIE

vernichtete
ideologische
Hoffnungen

bis
sich das Blut
der christlichen Anarchie
mit Gewalt
selbst
durchsetzt

seit Jahrtausenden
Mit dem

der noch zuerst versteckt

alle seine Kleidungen
der erdenenen Autorität
geben die Jagd um ihnen Haut zu
machen

seit der Sklaverei
ist die Menschlichkeit
gekennzeichnet

der Eigang
in sein Königreich
bot ein
perfektes System an

führt
schenkte
zuküftig
paradisisches
Glück

die Pastoren der Kirche
die ihr den Stab
niederlegt
rückt die Strassen gerade

im Gegsatz den Ziegenbock zwischen
den Hörnern zu bündeln

die Bequemen
ihr folgt dem mit all der Herde
Kreditzugeständnisse
und Präsenz seiner Sklaven
Nebelschleier verhüllen das
Glaubensbekenntnis
ungeordnetes Wissen
gehaltlos
verweltlichte Steifheit

konfuse innere Siegel

Märtyrertod
am Christen
Leidensweg
erllegt wieder auf
Verlängern der Zeit

theologische Ausbildung gegen
dreißig
zum Erschaffen eines Pseudo-Jesus
die Geister versklaven
zu bestehen
jedoch
Kräfte
die Kirchen jagen

Schurken von 2000

vorgeben
Gott
auf der Stola
ragiere Segen und Fluch
nach eurem
Befehl

der Generator aller
Freiheitsliebenden

sich beugen
sich versklaven
an eure

grimmigen Leidenschaften

oder
geh nur
weg

Priester und Bande
ihr seid draußen
übermäßig
und
nicht nur die
Gereiztheit
außerdem wird der Feigenbaum
verdorren
wird mit dem Schwert zu wechseln

die Armen
die Bescheidenen
Arbeiter
gekauft für ein Bier
gesessen beim falschen Propheten
Theoretiker über nichts

gute Menschen
ehrliche

richtige
legt wieder
in der Baugruppe

gemeldete

Dialektik
Christus ist euer
bezeugt ihr

ihr werft
eine Betriebsbrücke

ihr seid Freunde
mit den Herren des Universums
mildert
die Einseimkeit

immenses Wissen
Kreative
zur Top-Evolution

Tatu

markierte
perforierte
Körper

übergebener
Tempel

keine Liebesküsse

Sauger der Bestie
zum Saugen der Bestie

Sieger
Verlierer
jedoch
graußige Kriege

unendlicher
Konflikt

niemals Frieden

Diskothek

Luft

ein Paar

gehen gleich weg
Hand in Hand
unlösbare
Bunker
Aura
undurchschaubar

unversehrt

in ihren Augen
glückliche Gewissheit

große Traurigkeit
stell dir vor
für mehr Mangel
von Sex

Alter Kumpel

Die rote Flagge wird triumphieren

Umzüge
Rallyes
Banner
Flaggen
Beschäftigungen
Graffitis
Spray

schwarze Konflikte
Stadtkämpfe
Klassenkampf

die Partei

große Führer
Massaker

Martyrien
Kampf der Welten
Planwirtschaft
um Profiteure und
Blutsauger zu tilgen

Bedörfnisse

Elend
von Armut geprägt
im Traum
Menschen Brüder

die bröckelnde Wand

globalisierte
Meister
ohne Barrieren

die Kleinen
an die Macht
mit Knurren

Knochen im Mund

ruhig
sanft verschränkten

die satten
Bürokraten
gefiltert
durch Fettpolster
Bollwerk
von Systemelementen

stets zu den Generatoren
jedess Elends und Armut

sie verkaufen alle Hoffnungen

keine Heiligen, an die man sich
wenden kann
die Ideehat sogar

absurde
demokratisch gezeichnete Regeln
aufgehoben

in Käfig Gesperrte

blinde Wut
einzige Antwort

internationale Zukunft der
Menschheit

Ich fragte meinen Vater

versteckt mit Zeichen
fragte ich meinen Vater

Rücksendung an den Absender
mit den Interessen

mein jedes Wort
Handlung
Revolte
Ansicht
öffentliche Verleumdungen

möchte den Staub schütteln
den Frieden zurück erobern

er hat mir geantwortet
verfluche sie nicht
vergebe ihnen

sie verzeihen die Beleidigungen
nicht die Handlung
gegen die Menschlichkeit

sind zurück

Sodomie und Gomorrha
werden zerstört

Segne die Arbeit
mit einer Geste
zeigte er die Früchte

sah meine Ketten
lächelnd
zeigte er mir die Stücke

Ich spüre immer noch das blockierte
Gewicht
nahm mich bei der Hand

ich gehe
kann rennen
die Peiniger
mittlerweile nur Menschenmassen
auf meinem Weg

SCHREIBERLING

Intellektuelle
sensible Menschlichkeit
Aufquellen der Kultur
Meister des Wortes
Kommunikationswissenschaftler
Einpeitscher von informativen
Abweichungen
mit Risiko
koordinieren der Grundtatsachen
Lösungen finden
nichts ohne den Berater

Schreiberlinge

immer in der erssten Reihe
um die Starken zu beweihräuchern
veheimlichen
rechtfertigen
verteidigen
der Taten
euch ernährt man aus Resten

hakenförmig gebogene Scheiterhaufen
lehren nicht

verlorene Hoffnung

Menschen ohne Licht
versklavtes Wissen
erste
Massaker

das Wissen
hat nur ein Meister
das Gemeinwohl
tut eure Pflicht

frei geboren

Anthropophagie

Gebt uns das Gesetz
e ist in euch

niemand respektiert es
habe Angst
will einen König

unterwerfe dich nicht

schaffe es nicht,
das Übel zu kontrollieren

der König macht dich zum Sklaven

wenn du segnest
werde ich Untertan sein
aber vor Hunger und Klinge
geschützt

verrückt
die schlechten Gewohnheiten
domina
beherrscht wird kein Dämon
unterdrücken können

der König
ist ohne Gesetz
absolutistische Macht
unendliche Arroganz
seine Sache

wir wollen Demokratie

Konstitution

wieviele unnötige Toten
hilflose Regeln
gewonnene Konsense
zu plündern
unbestrafte richtige
Verhönungen
schlechte Herrenam Feld
Chaos
schaffe es nicht, zu justieren
weiß nicht, wo anfangen

ein Diktator
Ordnung und Respekt

Marionette
gebeugter Haupt am Stock

gib mir einen König
wird nie gut sein

hab dich frei gemacht

du kennst das Verbrechen
liebe es nicht
verehre es nicht
nimm es in den Zähnen mit Tritten

der Weise, den du kennst
wird mit Gewalt
für dich arbeiten

wenn moralische Siegel
der Hauch des Lebens
werden

automatisch
Harmonie

höchste Liebe

höchste Liebe
zur Kenntnis gibt
es gemeinsames
Übel

Index

www.ingramcontent.com/pod-product-compliance
Lightning Source LLC
LaVergne TN
LVHW021547080426
835509LV00019B/2881